Die schönsten Weihnachtsbräuche

Jan Thorbecke Verlag

Inhalt

Türchen öffnen am Adventskalender

Mit 24 kleinen Überraschungen versüßen Adventskalender den Kindern das Warten auf Weihnachten. Jeden Tag des Advents darf ein neues Türchen geöffnet oder ein kleines Geschenk ausgepackt werden. Vorläufer des heutigen Adventskalenders waren sogenannte Adventszeitmesser, z.B. in der Form von Abreißkalendern oder Weihnachtsuhren, die Mitte des 19. Jahrhunderts entstanden und die Tage bis Weihnachten zählten. Der Münchener Verleger Gerhard Lang hat 1903 den ersten gedruckten Adventskalender herausgebracht. Er bestand aus 24 Bildchen, welche die Kinder Tag für Tag auf einem Sammelbogen aufkleben durften. Die Idee hatte Erfolg und wurde von verschiedenen Verlagen und innerhalb der Familien weiterentwickelt. Mittlerweile gibt es Adventskalender in vielen unterschiedlichen Formen: gedruckte Kalender, Schokoladenkalender oder von den Eltern selbst gebastelte Kalender mit kleinen Päckchen zum Abschneiden und Auspacken.

Warten auf Weihnachten mit dem Adventskranz

Der Ursprung des Adventskranzes liegt im Rauhen Haus in Hamburg, einer diakonischen Einrichtung für heimatlose Kinder. Der Leiter der Einrichtung, der evangelische Pfarrer Johann Hinrich Wichern (1808–1881), schuf im Jahr 1839 den ersten Adventskranz, indem er für die Adventssonntage, aber auch für alle Wochentage des Advents, Kerzen auf einem Wagenrad befestigte. Die Verzierung mit Tannengrün kam erst um das Jahr 1860 hinzu. Seit seiner Erfindung hat sich der Adventskranz in ganz Deutschland verbreitet, zunächst vorwiegend in protestantischen Städten und nach dem Zweiten Weltkrieg auch in katholischen Gegenden. Heute schmücken üblicherweise nur noch vier Kerzen die Adventskränze, die in vielen Familien liebevoll per Hand aus Tannengrün gebunden und mit Schleifen, Zapfen und Gewürzen verziert werden.

FRÖHLICHE WEIHNACHTEN.

Der blühende Barbarazweig

Mit dem Brauch blühender Barbarazweige hält ein Hauch von Frühling Einzug in die Weihnachtsstuben. Am 4. Dezember, dem Gedenktag der heiligen Barbara, werden Zweige von Kirschbäumen geschnitten und anschließend in eine Vase gestellt in der Hoffnung, dass der Zweig zu Weihnachten blüht. Öffnen sich die Blüten bis zum Weihnachtstag, bedeutet das Glück für das ganze Jahr! Der Brauch der Barbarazweige geht auf die Legende der heiligen Barbara zurück, die im 3. Jahrhundert in Kleinasien gelebt haben soll. Als sie wegen ihres christlichen Glaubens in den Kerker gesperrt wurde, stellte sie dort den kahlen Zweig eines Kirschbaumes in ein Gefäß mit Wasser. Der Legende nach erblühte der Zweig am Tag ihrer Hinrichtung, was sie in ihrem Glauben bestärkte.

Geschenke vom heiligen Nikolaus

Vor allem für Kinder ist der Tag des heiligen Nikolaus ein Höhepunkt in der Vorweihnachtszeit. Am Abend des 5. Dezember ist es Brauch, dass die Kinder ihre frisch geputzten Stiefel vor die Haustür stellen, um sie am Morgen des 6. Dezember mit Äpfeln, Mandarinen, Nüssen und Schokolade gefüllt vorzufinden. In manchen Familien kommt der Nikolaus auch persönlich mit einem großen Sack über der Schulter und in Begleitung seines Knechtes Ruprecht und verteilt seine Gaben. Ursprünglich war der Nikolaus am 6. Dezember der Überbringer der Weihnachtsgeschenke; allerdings setzte sich nach der Reformation die Bescherung an Weihnachten durch. Der historische Nikolaus lebte um das Jahr 300 in Kleinasien. Als Bischof von Myra war er für seine Wohltätigkeit und Hilfsbereitschaft gegenüber den Armen und den Kindern bekannt. Seit dem 6. Jahrhundert wird er als Heiliger verehrt, und es ranken sich zahlreiche wundersame Legenden um seine Gestalt.

Groeten van St. Nicolaas

Fröhliche Weihnachten!

Licht und Gesang zum Luciafest

Der Brauch, am 13. Dezember mit Lichterprozessionen und Gesängen das Luciafest zu feiern, ist vor allem in Schweden und den anderen skandinavischen Ländern verbreitet, wird aber auch in einigen deutschen katholischen Gemeinden praktiziert. An diesem Tag schreitet ein weißgekleidetes Mädchen mit einem Kerzenkranz im Haar einer Gruppe von weißgekleideten Mädchen und Jungen voran, die auch alle eine Kerze in der Hand halten. Begleitet wird die feierliche Lichterprozession von Lucia-Gesängen. Der traditionelle Kerzenkranz geht auf die Legende um die heilige Lucia zurück, die um das Jahr 300 in Italien gelebt und mit einem solchen Kranz auf dem Kopf die verfolgten Christen in ihren Verstecken versorgt haben soll. Der 13. Dezember ist nicht nur der Gedenktag der heiligen Lucia, sondern war früher auch der kürzeste Tag des Jahres, die Wintersonnenwende. Und auch heute noch bringt das Luciafest mit all seinen Kerzen Freude und Helligkeit in die dunkelste Zeit des Jahres!

Über den Weihnachtsmarkt schlendern

Der schöne Brauch der Weihnachtsmärkte, auf denen Kunsthandwerk und allerlei Leckereien angeboten werden, hat eine lange Tradition. Schon für das 14. Jahrhundert sind in Deutschland vorweihnachtliche Märkte belegt. Berühmt wurden der Christkindlesmarkt in Nürnberg und der Striezelmarkt in Dresden, doch heute werden in fast jeder Stadt in Deutschland Weihnachtsmärkte abgehalten. Alljährlich tummeln sich dort viele Besucher, um bei weihnachtlicher Musik und umgeben von verführerischen Düften das eine oder andere Geschenk zu finden, Weihnachtsschmuck zu kaufen und sich bei einem Becher dampfenden Glühweins und einer Tüte gebrannter Mandeln in geselliger Runde auf das Weihnachtsfest einzustimmen.

Ein frohes Weihnachtsfest

Köstliche Weihnachtsbäckerei

Die Weihnachtsbäckerei gehört zu den beliebtesten Weihnachtstraditionen für Groß und Klein. Bis in die Mitte des 19. Jahrhunderts waren die Zutaten für die Zubereitung von Plätzchen jedoch so teuer, dass der Genuss der Leckereien nur der Oberschicht vorbehalten war. Das hat sich glücklicherweise geändert: Ob Christstollen, Lebkuchen, Spekulatius, Makronen, Zimtsterne, Vanillekipferl, Husarenkrapferl, Springerle – jede Region Deutschlands hat ihre Spezialitäten, und jede Familie hat ihre Lieblingsrezepte, die jedes Jahr gebacken, verziert, hübsch verpackt, auf bunten Tellern zusammengestellt, an den Weihnachtsbaum gehängt oder verschenkt werden. In einigen Familien wird den ganzen Advent über genascht, in anderen dürfen die Plätzchen erst ab dem Heiligen Abend genossen werden. Eine Kuriosität werden jedoch alle Familien kennen: die auf mysteriöse Weise stetig schwindenden Plätzchenvorräte. Der Dichter James Krüss ist in seinem Gedicht „Die Weihnachtsmaus" dem Grund auf die Spur gekommen …

Weihnachtlich schmücken

In der dunkelsten Zeit des Jahres ist es zu Hause am schönsten, und es wird viel Zeit und Mühe investiert, um die Häuser und Wohnräume weihnachtlich zu schmücken. Lichter und immergrüne Gewächse wie Tannengrün symbolisieren die Hoffnung auf Neuanfang und wurden schon in vorchristlicher Zeit dazu verwendet, um böse Mächte im Winter fernzuhalten. In den Wohnräumen sorgen liebevoll ausgewählte Schmuckelemente und Kerzen für Gemütlichkeit. In Deutschland hat sich um die Weihnachtsdekoration ein eigenes Kunsthandwerk entwickelt. Einen besonderen Stellenwert nimmt dabei die Holzkunst aus dem Erzgebirge ein. Kunstvoll gefertigte Weihnachtspyramiden und Schwibbögen, Räuchermänner und Engel sind in vielen Familien ein fester Bestandteil des Weihnachtsschmucks. Und sogar aus einem praktischen Werkzeug wurde ein beliebtes Spielzeug und Dekorationsobjekt: Um 1870 drechselte der Zimmermann Friedrich Wilhelm Füchtner den ersten erzgebirgischen Nussknacker, der bis heute in vielen Familien in der Weihnachtsstube nicht fehlen darf.

Küssen unterm Mistelzweig

In zahlreichen Häusern wird in der Weihnachtszeit ein Mistelzweig in den Türrahmen gehängt, und das nicht nur, weil das immergrüne Gewächs mit seinen weißen Beeren eine hübsche weihnachtliche Dekoration ist. Mit dem Mistelzweig wird auch ein romantischer Brauch verbunden: Wenn sich Paare unter dem Mistelzweig küssen, bringt es ihnen Glück, vielleicht sogar die ewige Liebe. Der Brauch kommt ursprünglich aus Großbritannien, ist aber inzwischen auch im deutschsprachigen Raum sehr beliebt. Schon die Kelten verehrten die Mistel als heiliges Gewächs, dem magische Kräfte innewohnen, und sie galt als ein Symbol des Friedens und der Versöhnung. Bei einer feindlichen Begegnung unter dem Mistelzweig war es üblich, Frieden zu schließen und diesen mit einem Kuss zu besiegeln.

Advents- und Weihnachts-lieder singen

Das gemeinsame Singen am Adventskranz oder vor dem erleuchteten Weihnachtsbaum am Heiligen Abend ist in vielen Familien ein fester Bestandteil der Weihnachtstradition. Im Rahmen der weihnachtlichen Liturgie sangen Priester bereits im Mittelalter lateinische Lieder, die von der Weihnachtsgeschichte erzählten. Mit der Reformation wurden die Kirchenbesucher verstärkt in das Singen von Weihnachtschorälen mit-einbezogen und es entstanden Weihnachtslieder in deutscher Sprache. Das von Martin Luther verfasste Lied „Vom Himmel hoch" gehört heute noch zu den bekanntesten Weihnachtsliedern. Mit dem Aufstieg des Bürgertums im 19. Jahrhundert entstand der Brauch, in der Familie zu musizieren. Die Lieder öffneten sich neuen Inhalten und entfernten sich auch formal von den kirchlichen Chorälen. Lieder wie „Oh Tannenbaum" oder „Leise rieselt der Schnee" entstanden in dieser Zeit.

A Merry Christmas.

Fröhliche Weihnachten!

Wichteln in geselliger Runde

Der Brauch des Wichtelns ist aus dem skandinavischen Raum nach Deutschland gekommen und erfreut sich hier unter Freunden, Kollegen und in Schulklassen großer Beliebtheit. Beim Wichteln werden die Namen aller Teilnehmer auf Zettel geschrieben und diese gemischt. Anschließend zieht jeder einen Zettel, ohne den Namen bekanntzugeben. Für denjenigen, dessen Namen man gezogen hat, besorgt man nun ein Geschenk, verpackt es und versieht es mit dessen Namen. Auf der gemeinsamen Weihnachtsfeier werden dann die Geschenke verteilt, ohne dass der Beschenkte weiß, von wem das Päckchen stammt. Auf diese Weise erhält jeder eine kleine Weihnachtsgabe, ohne dass viel Geld ausgegeben werden muss. In manchen Kreisen werden auch gebrauchte oder selbst gebastelte Gegenstände „gewichtelt" oder es wird im Voraus ein Preislimit festgesetzt. Die Überraschung ist auf jeden Fall immer groß!

Die Weihnachtspost versenden

Im Advent nehmen sich viele Menschen gern die Zeit, persönliche Grüße und Segenswünsche auf liebevoll ausgewählten oder selbstgebastelten Weihnachtskarten an Familie, Freunde und Kollegen zu versenden. Die Weihnachtskarte wurde Mitte des 19. Jahrhunderts in Großbritannien erfunden. Dahinter stand der Gedanke, das lange Briefeschreiben abzukürzen. Diese Tradition hat sich durchgesetzt: Das handschriftliche Verfassen von Weihnachtsgrüßen gehört auch im Zeitalter des Internets in vielen Familien zu den beliebtesten Weihnachtsbräuchen und so hat die Post um Weihnachten herum so viel zu tun wie nie!

Den Wunschzettel schreiben

Bereits im frühen 18. Jahrhundert schrieben Kinder Wunschzettel zur Weihnachtszeit, doch diese beinhalteten noch keine Auflistung ihrer Wünsche, sondern waren eine Erziehungsmaßnahme. Auf aufwendig gestalteten Schmuckbögen sollten die Kinder ihren Eltern in ihrer schönsten Schrift danken und Glück wünschen. Die Bedeutung der Wunschzettel änderte sich im späten 19. Jahrhundert. Spielzeughersteller gaben vorgedruckte, weihnachtlich verzierte Wunschzettel heraus, auf denen Kinder ihre Wünsche auflisten konnten. Heute schreiben und verzieren viele Kinder ihre Wunschzettel selbst und hoffen, dass das Christkind oder der Weihnachtsmann den einen oder anderen Wunsch erfüllt. Manche Kinder verschicken ihre Wünsche auch per Post in der Hoffnung, direkt vom Christkind oder vom Weihnachtsmann eine Antwort zu erhalten. Diese Briefe gelangen zu den insgesamt neun „Weihnachtspostämtern" in Deutschland, und werden dort von haupt- und ehrenamtlichen Mitarbeitern beantwortet.

Best
Christmas
Wishes

Fröhliche Weihnachten

Die Krippe aufstellen

Bevor der Weihnachtsbaum Hauptbestandteil der weihnachtlichen Dekoration wurde, stand die Weihnachtskrippe im Zentrum der Weihnachtsfeiern in privaten Haushalten. Ihren Ursprung hat die Krippe in den kirchlichen Spielen des Mittelalters, in denen religiöse Inhalte durch figürliche Darstellung vermittelt werden sollten. In manchen Familien ist es Brauch, die Krippe entsprechend der Weihnachtsgeschichte zu verändern: Maria und Josef „wandern" im Laufe des Advents zum Stall von Bethlehem, am Heiligen Abend wird das Jesuskind in die Krippe gelegt, und die Heiligen Drei Könige werden erst am 6. Januar in die Krippenszenerie aufgenommen. So wird die Weihnachtsgeschichte im eigenen Zuhause lebendig!

Den Weihnachtsbaum schmücken

Kaum ein anderes Symbol verbinden wir heute so sehr mit Weihnachten wie den festlich geschmückten und erleuchteten Weihnachtsbaum. Die ersten Weihnachtsbäume sind für das 16. Jahrhundert im Rahmen der Festbräuche der Zünfte belegt. In Anlehnung an den Paradiesbaum wurden diese Bäume mit Äpfeln und Süßigkeiten geschmückt und daher auch „Zuckerbäume" genannt. Am 6. Januar, dem Dreikönigstag, wurden die Weihnachtsbäume dann „geplündert". Zunächst verbreitete sich der Weihnachtsbaum in adeligen Kreisen und Anfang des 18. Jahrhunderts auch im Bürgertum. Erst im Laufe des 19. Jahrhunderts etablierte sich der Weihnachtsbaum als fester Bestandteil der Weihnachtsdekoration über alle Gesellschaftsschichten hinweg. Traditionell wird der Weihnachtsbaum in vielen Familien am 23. Dezember oder am Vormittag des Heiligen Abends aufgestellt und gemeinsam geschmückt. Zum traditionellen Weihnachtsbaumschmuck gehören Engel, Glocken, Kugeln und Sterne. Die Kugeln stehen z.B. für die Vollkommenheit Gottes und die Strohsterne erinnern an die Krippe im Stall von Bethlehem.

Die Bescherung am Heiligen Abend

In den meisten Regionen Deutschlands ist es das seit Martin Luther bekannte Christkind, das den Kindern am Abend des 24. Dezember die Geschenke bringt. Das Christkind umgibt ein geheimnisvoller Zauber, da es heimlich, ohne je gesehen zu werden, seine Gaben verteilt. Vor der verschlossenen Wohnzimmertür versuchen Kinder vor der Bescherung, einen Blick durch das Schlüsselloch zu erhaschen. Wenn dann endlich das ersehnte Glöckchen klingelt als Zeichen, dass das Christkind das Weihnachtszimmer vorbereitet hat, öffnet sich die Tür und die Kinder können den ersten Blick auf den erleuchteten Weihnachtsbaum und die darunter liegenden Geschenke werfen. Traditionell wird vor der Bescherung die Weihnachtgeschichte aus der Bibel vorgelesen, dann werden gemeinsam Weihnachtslieder gesungen und anschließend die liebevoll verpackten Geschenke überreicht. In manchen Familien ist es nicht das Christkind, sondern der Weihnachtsmann, der sich am 24. Dezember von seinem Haus im Nordpol aufmacht, um den Kindern überall in der Welt Geschenke zu bringen.

Fröhliche Weihnachten!

Das Weihnachtsessen im Kreis der Familie

Das gemeinsame Weihnachtsessen am festlich gedeckten Tisch ist in vielen Familien ein Höhepunkt der Festtage. Mit viel Liebe und Hingabe werden Köstlichkeiten gebacken, gebrutzelt und geschmort, die es nur zu diesem besonderen Anlass gibt und auf die sich die Familie schon das ganze Jahr über freut. Es werden keine Kosten und Mühen gescheut, um dieses Festessen zu etwas Besonderem zu machen. Der Heilige Abend ist in der christlichen Tradition ein Fastentag. Deswegen war es seit dem Mittelalter üblich, an diesem Tag nur eine leichte, fleischlose Mahlzeit zu genießen. Auch heute noch ist es in vielen Familien Brauch, am Heiligen Abend nur eine kleine Mahlzeit einzunehmen, etwa Heringssalat oder Kartoffelsalat mit Würstchen. Das eigentliche Festmahl gibt erst am ersten Weihnachtstag: Die Weihnachtsgans, aber auch Wildgerichte oder der Weihnachtskarpfen werden zusammen mit köstlichen Beilagen genossen.

Besuch von den Sternsingern

Die Weihnachtszeit ist auch die Zeit der Heischegänge: Kinder, Jugendliche und früher auch Bedürftige ziehen von Haus zu Haus, sagen Gedichte auf, singen Lieder und bitten um milde Gaben. In den unterschiedlichen Regionen Deutschlands werden verschiedene Heischebräuche praktiziert, z.B. das Martinssingen am 11. November, der hessische Glowesabend am Nikolaustag oder das norddeutsche Rummelpottlaufen zu Silvester. Der bekannteste und am weitesten verbreitete Heischebrauch ist das Dreikönigssingen am 6. Januar, das bereits seit dem 16. Jahrhundert bekannt ist. Kinder verkleiden sich als die Heiligen Drei Könige und Sternträger und ziehen als Sternsinger von Tür zu Tür, singen Lieder und bitten um Spenden für notleidende Kinder. Bevor sie gehen, malen sie mit Kreide die Segensformel C+M+B an die Tür, was „Christus Mansionem Benedicat" (Christus segne dieses Haus) bedeutet.

VERLAGSGRUPPE PATMOS

PATMOS
ESCHBACH
GRÜNEWALD
THORBECKE
SCHWABEN

Die Verlagsgruppe
mit Sinn für das Leben

Für die Schwabenverlag AG ist Nachhaltig-
keit ein wichtiger Maßstab ihres Handelns.
Wir achten daher auf den Einsatz umwelt-
schonender Ressourcen und Materialien.

Gestaltung: Finken & Bumiller, Stuttgart
Druck: Beltz Bad Langensalza GmbH, Bad
Langensalza
Hergestellt in Deutschland
ISBN 978-3-7995-0665-6

Bildnachweis:
akg-images: S. 5, 6, 8, 11, 12, 15, 16, 18,
Umschlag und S. 21, 24, 27, 30, 32, 35;
mauritius images / Alamy: S. 23, 29, 36, 39.